AF364057

MONSIEUR
ANSELME BATBIE

SÉNATEUR DU GERS

MEMBRE DE L'INSTITUT

ANCIEN MINISTRE DE L'INSTRUCTION PUBLIQUE, DES CULTES

ET DES BEAUX-ARTS, ETC., ETC.

NOTICE BIOGRAPHIQUE

PAR

A. DUCASSÉ

AUCH

IMPRIMERIE AUSCITAINE, A. THIBAULT

1887

MONSIEUR
ANSELME BATBIE

SÉNATEUR DU GERS

MEMBRE DE L'INSTITUT

ANCIEN MINISTRE DE L'INSTRUCTION PUBLIQUE, DES CULTES

ET DES BEAUX-ARTS, ETC., ETC.

NOTICE BIOGRAPHIQUE

PAR

A. DUCASSÉ

AUCH

IMPRIMERIE AUSCITAINE, A. THIBAULT

1887

MONSIEUR

ANSELME BATBIE

SÉNATEUR DU GERS

Membre de l'Institut, ancien Ministre de l'Instruction publique, des Cultes
et des Beaux-Arts, etc., etc.

NOTICE BIOGRAPHIQUE

PAR A. DUCASSÉ

« L'homme qui fait de la sagesse la compagne de sa vie sera,
dit l'Ecriture, illustre parmi les peuples et, dès sa jeunesse, honoré
des vieillards. On reconnaîtra la pénétration de son esprit dans les
jugements qu'il prononcera : les puissants et les princes témoi-
gneront de leur admiration. S'il parle, on l'écoutera attentivement ;
s'il garde le silence, on attendra sa parole... A la sagesse il devra
l'immortalité de son nom. »

La vie rapidement esquissée de M. Batbie nous montrera la
réalisation pour lui de cette divine parole, car il sera facile de
nous convaincre que si M. Batbie fut un sage, ainsi que l'ont
proclamé l'unanimité de la presse et les hommes les plus capables
d'en juger, il fut aussi un chrétien.

On nous a demandé ce travail : que le lecteur nous permette de
lui demander pardon de son infériorité, qui tient à la faiblesse de
l'auteur.

M. Batbie naquit à Seissan le 31 mai 1827. Le 2 juin suivant, il
reçut avec l'eau sainte sur les fonts sacrés du baptême les noms
de Polycarpe-Anselme. Un de ses aïeux, originaire du Béarn, vint,
à la fin du dix-septième siècle, s'établir à Seissan comme notaire
royal, successeur de messire Blancafort, dont il épousa la fille. Le

notariat de la petite ville fut constamment occupé depuis par un Batbie. Cette famille fut toujours des plus honorables, et, comme ses générations étaient nombreuses, elle fut bientôt alliée aux principales familles du pays. Le père de M. Anselme, Marc-Antoine Batbie, avait épousé demoiselle Adélaïde d'Auriac de Clermont, issue d'une famille dont les titres nobiliaires remontent au treizième siècle.

M. Anselme fut le dernier de quatre enfants. Dès ses premiers pas dans la vie, les brillantes et solides qualités dont Dieu l'avait doué se manifestèrent, et aussi sa passion pour le travail, qui devait tant les développer.

Sa pieuse mère eut soin de diriger vers Dieu les premières lueurs de son intelligence, les premières aspirations de son cœur : aussi cette âme d'élite s'ouvrit-elle doucement à la piété. Autant pour plaire à Dieu que pour donner satisfaction à ses parents, le jeune Anselme recherchait, avec avidité, le succès à l'école du village (qu'il eut la bonne fortune de trouver dirigée par un professeur fort distingué d'ailleurs) et au catéchisme, qui faisait ses délices. Maître et curé parlèrent longtemps, et ses camarades parlent encore, de son ardeur au travail, de la vivacité de son intelligence, de la douceur de son caractère. Il n'aimait pas les jeux, mais il les partageait toujours avec complaisance : les livres lui convenaient infiniment mieux que les billes ou la toupie.

M. Cenac, curé de Seissan, était pour les enfants d'une sévérité devenue légendaire : il n'eut jamais rien à reprendre chez le jeune Anselme. Il n'admettait que très-difficilement, et fort tard, à la première communion. Le jeune Batbie accomplit ce grand acte de la vie chrétienne dès l'âge de dix ans ; mais il savait si bien retenir la lettre et les explications de la doctrine chrétienne, et de plus, il était si sage, si pieux !

Cette piété de l'enfant redoubla encore ; il avait toujours manifesté le désir d'être prêtre ; à partir de sa première communion, tout entier à son désir, il consacrait ses récréations à édifier des chapelles et à faire le simulacre des fonctions sacrées. Un jour, il avait douze ans, il demanda à sa mère un entretien secret, et quand il l'eut conduite mystérieusement à la charmille qui termine le parc, il lui déclara formellement qu'il voulait être prêtre. Cette déclaration fut accueillie avec une joie immense par celle que M. Batbie mourant appellera « sa sainte mère ».

Comment et quand les idées du jeune Anselme, dont la volonté et le caractère étaient déjà si fermes, se sont-elles modifiées ?

Nous ne saurions le dire ; mais nous croyons que les railleries, à jet continu, d'un oncle excellent homme, essentiellement moqueur, ne suffisent pas à expliquer le changement qui s'opéra. Tout nous porte à croire qu'il a sacrifié ses goûts, ses préférences, ses aspirations au devoir qui lui apparut, à cette heure de la vie où il lui fallait se précipiter dans la voie. A cette heure, son père était malade : sa mère qu'il adorait, son frère, ses sœurs tendrement aimés n'allaient-ils pas, au premier jour, être sans appui, sans guide ? Dieu ne lui imposait-il pas l'obligation de se consacrer tout entier à la famille ? Toujours est-il que la fermeté de sa foi religieuse ne se démentit jamais, comme l'ont affirmé divers organes de la presse, et comme le prouvera la suite de ce récit. Bien que la vie de M. Batbie ait été admirablement féconde, on se prend à regretter que cet homme d'une intelligence si puissante, d'un jugement si droit, ce travailleur infatigable n'ait point parcouru les vastes champs de la théologie et de l'herméneutique sacrée.

Il était d'une santé délicate, même débile ; néanmoins son ardeur au travail ne se ralentit ni au Petit-Séminaire ni au Lycée d'Auch, où il reçut l'enseignement secondaire et où les plus brillants succès couronnèrent ses efforts.

Il sut conquérir l'estime et l'affection de ses maîtres et se créer parmi ses condisciples des deux établissements de solides amitiés.

A l'Ecole de droit de Toulouse, il dut à son intelligence et à son travail un triomphe peut-être unique ; il remporta, en même temps, le premier prix de droit français et le premier prix de droit romain, décernés par le ministre de l'Instruction publique, qui était alors M. Cousin. Lorsque, plus tard, ses anciens camarades racontaient combien, à cette époque, M. Batbie était maigre, élancé, fluet, on avait peine à les croire, vu l'immense développement de son corps.

A l'âge de dix-neuf ans, il arrivait à Paris. Il y fut accueilli par un de ses compatriotes, M. Dupuy-Cestac, qui « le seconda dans ses débuts par tous les moyens en son pouvoir ». Ce fut lui qui lui conseilla de concourir, en 1849, pour une place, devenue vacante, d'auditeur au Conseil d'Etat. A la suite d'un très-brillant concours, préparé à la hâte, il fut premier. « M. Batbie aimait à parler souvent avec M. Dupuy de ces temps difficiles et ne cessait de lui montrer une reconnaissance affectueuse et presque filiale ».

Reçu docteur en droit par la Faculté de Paris en 1850, M. Batbie prenait part, l'année suivante, au concours d'agrégation. Quelques mois plus tard, il était, à la suite d'un nouveau concours, nommé professeur suppléant à la Faculté de droit de Dijon : il venait d'être exilé du Conseil d'Etat par suite du 2 Décembre. Nommé professeur titulaire à Toulouse, bientôt après, en 1857, il professe à Paris. En 1860, l'Académie des sciences morales et politiques couronne son ouvrage : *Turgot, économiste, philosophe et administrateur,* et lui décerne le prix Léon Faucher. Ce sujet avait été mis au concours.

En 1862, il obtient à Paris la chaire de droit administratif, et, en 1864, M. Duruy le nomma professeur d'économie politique. « La résurrection de cette chaire, créée et détruite par la Restauration, n'était pas, dit M. Gréard, sans causer quelque inquiétude ; on redoutait les périls de l'esprit de système. M. Batbie s'engagea, dès sa première leçon, à rester, ce qu'il avait toujours été, un homme de vérité, de justice et de paix. On eut raison de lui accorder le crédit qu'il demandait. »

A la suite d'un voyage en Allemagne, M. Batbie publia son grand ouvrage *Traité théorique et pratique du droit public et administratif* (sept volumes in-8°), où il expose avec une lucidité merveilleuse l'histoire et l'état présent des diverses institutions publiques, établit entre le Droit public français et le Droit étranger de fréquents et utiles rapprochements. Ce Traité, demeuré classique, est considéré par les critiques comme supérieur à toutes les publications de ce genre.

L'infatigable professeur publia encore successivement plusieurs ouvrages de longue haleine sur des sujets de la plus haute importance. Parmi ces ouvrages, nous signalerons sa *Doctrine et Jurisprudence en matière d'appel comme d'abus*. « L'auteur, dit M. Gréard, y conclut au maintien loyal et sévère des limites qui séparent le pouvoir civil de l'autorité religieuse et au respect du Concordat. » Il publia d'autres œuvres en grand nombre où éclatent sa vaste érudition et son incomparable clarté d'exposition. Le *Crédit populaire* et le *Prêt à intérêt* lui valurent deux nouveaux prix de l'Académie des sciences morales et politiques.

« L'enseignement de M. Batbie, dit la *Loi,* brilla du plus vif éclat. Sa parole claire et abondante semblait donner de la vie aux matières les plus ardues. » — « Son cours fut, dit le *Moniteur universel,* l'un des plus suivis et des plus goûtés par tous les jeunes gens sans distinction d'opinions. Bien que les sujets qu'il traitait confinassent très-souvent à la politique, l'habile professeur savait s'élever sans effort vers ces idées générales qui sont acceptées de tous, et se maintenir dans ces régions sereines de la science, *templa serena,* dont parle Lucrèce, d'où l'on n'aperçoit plus les petites passions des hommes et les mesquines ambitions des partis. »

Affectueux et bon pour les élèves, il était en outre un examinateur toujours bienveillant, ne cherchant jamais à embarrasser le candidat, mettant, au contraire, au service de son trouble la sagacité de son esprit. « Un jour, raconte l'*Evénement, l'héritage* était le sujet de l'examen. M. Batbie pose au candidat cette question : — Quand un neveu hérite de son oncle, qu'a-t-il à faire ? — Dame, monsieur, répond le candidat naïf ou cynique, je crois qu'il n'a qu'à s'amuser. Après avoir accordé un moment à l'hilarité générale provoquée par cette réponse, l'examinateur dit avec calme : — Pardon, monsieur, vous vous trompez : il y a des formalités préalables à remplir : les oncles, comme tout ce qui se mange, ont besoin d'abord d'une certaine préparation. »

Conduit par les événements à entrer dans la vie politique, M. Batbie fut porté à l'Assemblée nationale de 1871 par soixante mille électeurs de son département. Dès le premier triage des membres qui la composaient, il fut considéré comme un des hommes les plus autorisés de cette grande Assemblée.

On n'avait à Bordeaux ni documents, ni bibliothèques. La mémoire de M. Batbie pourvoyait à tout ; il était une encyclopédie de textes, et ce fut sur ses indications que l'on fit en deux séances le règlement provisoire. Aux plus pressés qui parlaient de faire une Constitution, M. Lambrecht répondait : « Adressez-vous à M. Batbie, il en a cinquante dans la tête. »

Son merveilleux savoir, son talent d'exposition plus merveilleux encore le mettent très-vite en un relief extraordinaire. On le veut partout, on le met partout. Dans toutes les commissions importantes, dans toutes les grandes discussions, on le voit apparaître. Il semble qu'on ne puisse rien faire sans lui, soit à Bordeaux, soit à Versailles. M. Thiers lui confie les enquêtes et les négociations les plus délicates : traité de paix, organisation de Paris, organisation des grâces, réforme des études de droit, réorganisation du Conseil d'Etat, retrait des lois d'exil contre les princes d'Orléans, etc., etc., tout passe par ses mains; c'est toujours lui qui est chargé des rapports.

Dans les luttes diverses qu'il a soutenues avec les ressources d'un grand esprit, il apporta toujours la fermeté d'un grand caractère. Lorsqu'en 1872, presque au lendemain de la Commune, M. Thiers, par faiblesse ou par ambition, — l'histoire le dira, — parut favoriser le progrès des doctrines révolutionnaires, M. Batbie n'hésita point à se séparer de lui et à lui porter le premier coup. Il fit plus : il sacrifia courageusement sa popularité en proposant un système de résistance qu'il appela « gouvernement de combat ». On sait par quelles clameurs jacobines sa proposition fut accueillie et quelle fut la faiblesse d'un grand nombre de ceux qui auraient dû la soutenir ; mais on sait aussi qu'aucune menace ouverte ou sourde n'effraya son auteur, aucune défection ne put le paralyser, aucune ironie l'empêcher de tenir bon.

Le 24 mai 1873, le maréchal de Mac Mahon est porté au pouvoir avec le mandat de réagir contre l'envahissement révolutionnaire. Dès le lendemain, il s'empressa de faire entrer l'homme du gouvernement de combat dans son ministère. M. Batbie y prit le portefeuille de l'Instruction publique, des Cultes et des Beaux-Arts. Il s'y montra hostile au principe de l'obligation de l'enseignement et à toutes les propositions qui faisaient pressentir les entreprises récentes contre l'éducation chrétienne et l'autorité du père de famille. Il s'y montra l'ennemi irréconciliable des idées de désordre, en demeurant toujours tolérant et indulgent pour les hommes. Les excellents souvenirs qu'il a laissés dans ce ministère qu'il occupa six mois (25 mai au 26 novembre) prouvent que l'administrateur ne se ressentit jamais de l'homme de parti. Il dit un jour à son personnel : « Pour un ministre de combat, il faut avouer que je combats bien peu. »

Le 21 juillet 1873 s'ouvrit la discussion du projet de loi dont l'article 1er était ainsi conçu :

« Est déclarée d'utilité publique la construction d'une église sur la colline de Montmartre, conformément à la demande qui en a été faite par l'Archevêque de Paris dans sa lettre du 5 mars 1873 adressée au ministre des Cultes. »

On ne pouvait pas s'y tromper : la lettre de l'Archevêque de Paris étant visée, l'Assemblée allait décréter d'utilité publique l'église du «Vœu national au Sacré-Cœur de Jésus pour attirer sur la France et en particulier sur la capitale la miséricorde et la protection divine ». Dans la séance du 24 juillet, M. Tolain se chargea du reste d'expliquer qu'il en était ainsi, en s'acharnant contre le projet avec la rage du sectaire et en faisant retentir la salle des plus horribles blasphèmes contre la religion et le Cœur adorable de Notre-Seigneur Jésus-Christ. Aussi les fervents catholiques de

l'Assemblée qui auraient désiré un texte de loi plus explicite, après le discours de M. Tolain, qui donnait à la loi toute sa portée et toute sa signification, pouvaient se déclarer satisfaits. C'est ce que constata M. Chesnelong en un magnifique langage.

Nous avons anticipé pour que l'on pût mieux comprendre l'importance et la valeur de l'intervention de M. Batbie, quand le 21 juillet avait été discutée la déclaration d'utilité publique de laquelle dépendait le projet.

M. Bertauld, dans un discours plein de verve normande et de malice cauteleuse, mais dont la courtoisie était absente, opposa au projet de loi l'enseignement et la doctrine de M. Batbie lui-même. « Il n'y a d'expropriation possible qu'à la requête de l'Etat, du département et de la commune... — Voilà la doctrine constante de l'éminent professeur Batbie, disait M. Bertauld, et M. Batbie ministre ne peut venir affirmer que l'Archevêché peut être propriétaire d'une église d'utilité publique. Non, l'expropriation ne saurait être permise pour une chapelle privée. »

M. Batbie, en un discours serré, substantiel, répondit au milieu d'interruptions railleuses, parfois insolentes, toujours méchantes : « L'Archevêché peut posséder, être propriétaire d'une église, car il est constant que les consistoires peuvent être et sont en effet propriétaires de temples et de synagogues. » Puis, voulant obtenir à tout prix le vote de la loi, il n'hésita pas à lui faire le sacrifice de son opinion de docteur, sacrifice dont le Sacré-Cœur l'a récompensé en donnant à sa mort une tranquillité sereine.

« Il n'y a d'expropriation possible qu'à la requête... C'est mon opinion ; mais je suis obligé de reconnaître que, dans la pratique et la jurisprudence, j'ai été battu ; mon opinion n'a pas été adoptée... Dernièrement, contrairement à mon opinion de docteur, le droit d'expropriation a été accordé à une Fabrique du département du Rhône... Je vous prie, messieurs, de voter le projet de loi qui vous est soumis : je crois que vous pouvez le faire en toute sécurité... Nous sommes un gouvernement décidé à favoriser, à protéger les intérêts religieux, et, pour nous, la liberté religieuse est le premier de ces intérêts. » La loi était acquise : elle fut votée, le 24 juillet, par 382 voix contre 138.

Après l'échec du 16 Mai, M. Batbie fut des rares qui surent conseiller la persévérance dans l'effort ; il offrit son concours, et le Maréchal le chargea, le 8 décembre 1877, de former un ministère de résistance. La passe était grave, dangereuse : M. Batbie engagea résolûment sa responsabilité. Après plusieurs jours de négociations laborieuses, de déceptions qui auraient découragé tout autre que lui, il avait abouti. Il se précipite, le 11 décembre, dans un fiacre pour courir à la préfecture de Versailles, où réside le Maréchal. Le fragile véhicule se brisa sous le poids de son corps : « Mauvais signe ! » dit-il en souriant. C'était mauvais signe, en effet ; le Maréchal s'était retranché dans ce qu'il appelait la légalité : il fut inflexible. « Ce n'est pas la faute de M. Batbie, si le gouvernement de « l'ordre moral » capitula devant la Révolution. »

Depuis cette époque, M. Batbie se mêla peu aux luttes du

Parlement. « Lorsque M. Tolain est sacré grand homme, dit le *Soleil,* et M. Testelin grand orateur, M. Batbie se retire sous sa tente : entouré de ses amis, il attend avec la patience d'un sage la fin de la tourmente et, comme Siéyès, se contente de vivre. »

M. Batbie sortit, cependant, plusieurs fois de son impassibilité. Le 30 novembre 1882, une mesure particulièrement odieuse, la suppression du traitement des desservants, lui fit interpeller le gouvernement. « M. Batbie, dit Pierre Veuillot dans l'*Univers,* n'a laissé aucun point du débat dans l'obscurité. Après avoir défié M. Fallières d'apporter à la tribune un seul texte de loi lui permettant d'agir comme il l'a fait, l'orateur a prouvé, au contraire, que l'arsenal de nos lois et de nos décrets condamnait, de la manière la plus formelle, le ministre des Cultes. »

Nous citerons ici quelques-unes des paroles de M. Batbie, parce qu'elles sont un grand honneur pour lui et un stigmate, précurseur de celui de l'histoire, pour ceux qui les ont méritées :

« L'arbitraire gouvernemental vient dire au desservant, forcé d'obéir au pouvoir disciplinaire incontesté de l'évêque : Si vous obéissez à l'évêque et si vous restez dans la paroisse où l'autorité épiscopale vous maintient, votre traitement sera supprimé...

» L'évêque a l'autorité disciplinaire sur les desservants, et en vertu de cette autorité il déclare que vos griefs ne sont pas fondés. Voulez-vous vous substituer à l'évêque pour exercer le pouvoir disciplinaire ?... En réalité, vous frappez l'humble desservant parce que vous ne pouvez pas frapper l'évêque ; vous frappez le faible parce que vous ne pouvez pas frapper le fort.

» Pour moi, je n'entends pas ainsi la justice : je n'admets pas qu'il soit juste de votre part de frapper le desservant parce que l'évêque ne vous a pas donné raison contre lui... Il est permis de dire que le clergé régulier et séculier est dans une situation singulière. Les communautés sont frappées en vertu de prétendues lois existantes, et le clergé séculier est frappé en vertu de lois qui n'existent pas... Vous avez déclaré que vous ne voulez point faire la guerre à la religion, mais au cléricalisme ; que vous vouliez seulement que le prêtre demeurât à sa place, dans l'église ; qu'à l'abri de l'autel il ne saurait être inquiété. C'est là une politique étroite et dure ; mais pourquoi, du moins, n'y pas demeurer fidèle ? Or, je vous le demande, quand le prêtre a déjà été chassé de l'école, quand il lui est défendu d'enseigner, dans les locaux scolaires, aux enfants la religion de leurs parents, n'est-ce pas l'inquiéter encore que de lui faire savoir que, même relégué dans le temple, sa condition devient précaire, que son traitement peut lui être retiré ? Je ne sais pas quels sont, au juste, vos désirs, quel but vous poursuivez ; mais je puis vous dire quelles sont mes craintes.

» Oui, quand vous aurez fait taire partout la seule voix qui dise *sursùm corda!* la seule voix qui prêche le devoir et donne en témoignage une vie de pauvreté et de sacrifices, quand vous aurez préparé, en les rendant déserts, les temples à devenir, comme en 1793, des jeux de paume ou des greniers à fourrage, je crois que vous aurez fait beaucoup pour la décadence morale de notre pays. »

« A la tribune, dit M. Depeyre, M. Batbie ne recherchait pas les effets oratoires ; avant tout, il voulait être clair, net, précis. Il nouait son raisonnement avec une force singulière, et ceux qui essayaient de lui répondre avaient peine à découvrir un point vulnérable dans son argumentation. Rien cependant ne rappelait en lui le professeur. Ses discours étaient toujours empreints d'une véritable bonhomie ; mais cette bonhomie n'excluait pas le trait piquant, et il savait aussi, quand il le fallait, par l'à-propos, la fermeté et le mordant d'une répartie instantanée, réduire ses interrupteurs au silence. »

Dans une discussion importante, son ancien élève Gambetta interrompt M. Batbie en lui rappelant ironiquement un point de droit : « Je le sais, réplique l'orateur, et M. Gambetta ne peut ignorer que je le savais avant lui. »

« Nul n'a oublié, a pu dire M. Le Royer, président du Sénat, la parfaite aménité des rapports de M. Batbie avec ses collègues. » Au Sénat comme ailleurs, en effet, il avait su toujours se concilier les affections autant que désarmer les inimitiés.

L'Académie des sciences morales et politiques, après la mort de M. Faustin-Hélie (1885), appela enfin M. Batbie dans ses rangs, donnant ainsi à ses travaux la récompense depuis longtemps méritée et peut-être la seule enviée par cet homme modeste, s'il faut en juger par la satisfaction qu'il éprouva.

Caractère aimable et enjoué, causeur charmant, spirituel, M. Batbie apportait, dans ses relations privées, la plus aimable courtoisie. On l'aimait et on le recherchait ; il était très-séduisant conteur, et on avait plaisir à le suivre dans ces longues causeries où sa mémoire prodigieuse mettait au service de l'habituelle finesse de son esprit un fonds inépuisable de traits et d'anecdotes. « Sur quelque sujet qu'on le mît, dit le *Figaro,* il abondait en piquantes histoires, en citations heureuses, en amusants souvenirs, avec une pointe gauloise aimable et préférée. »

Son appartement de la rue Bellechasse avait vu défiler les hommes les plus illustres de notre temps, les politiques les plus en vue, comme aussi les visiteurs les plus humbles. Sa maison de Seissan, pendant les vacances parlementaires, était ouverte à tous. Elle ne désemplissait pas de solliciteurs et de quémandeurs de conseils. « Sa bonne grâce mettait à l'aise les jeunes et les humbles ; sa conversation pleine de charme et d'esprit retenait les autres. Tous vantaient sa familiarité, sa finesse et aussi son penchant à l'épigramme. Il n'avait pas son pareil pour vous déshabiller un homme en trois mots qui avaient l'air d'un compliment. » (*Soleil,* 15 juin.)

« La science du jurisconsulte, la sagacité du politique, l'esprit du causeur étaient connus de tout le monde. On savait moins, dit le *Figaro,* la fermeté de sa foi religieuse, et il a étonné quelques-uns de ses amis par la sérénité avec laquelle, lui, d'apparence sceptique, il a envisagé la mort. »

M. Batbie avait reçu, nous l'avons dit, une éducation profondément chrétienne. Il retrouvait, chaque année, dans la famille une atmosphère imprégnée de la suave piété de sa mère et de ses sœurs, pour lesquelles il avait une affection aussi tendre que profonde. Il comptait de nombreux amis dans le clergé et aussi parmi ces chrétiens, apôtres laïques, de l'heure présente ; il aimait à s'entretenir avec eux des questions religieuses et des intérêts de la religion. Quand donc il défendait lui-même ces intérêts sacrés à la tribune, il le faisait autant en croyant convaincu qu'en politique avisé.

Sans doute, il n'a point pris rang, aux avant-postes, à côté de ces catholiques ardents qui soutiennent et défendent la citadelle de la foi attaquée de toutes parts aujourd'hui. Cela tient, croyons-nous, au fond même de sa nature et de son tempérament. Dans le sacerdoce, il aurait pu devenir un Suarez ou un cardinal Pie ; il n'aurait jamais eu les enthousiasmes et l'ardeur d'un Dupanloup ou d'un Freppel, qu'il aimait cependant beaucoup. Son action eût été, sans doute, à la manière du cardinal Guibert, archevêque de Paris, pour lequel il professait une admiration profonde.

Oui, M. Batbie était demeuré fidèle à la foi de sa première jeunesse. Il en acceptait et admirait tous les enseignements. Les emprunts de livres qu'il faisait, chaque année, à la modeste bibliothèque de son curé prouvaient surabondamment qu'il a toujours voulu se tenir au courant des développements du dogme chrétien.

Il lut avec une prédilection particulière, pendant le carême dernier, les Conférences du Père Monsabré sur le mariage chrétien ; il en admira la clarté et la force doctrinale. On les a retrouvées sur son bureau : sans doute qu'il voulait les relire encore et, peut-être, revenir, en compagnie d'un auteur si autorisé, sur une question dont il s'était beaucoup occupé. Il nous dit, à ce propos, qu'il avait publié, dans le temps, un travail dont la doctrine fut trouvée peu orthodoxe. « On me le fit bien sentir, ajouta-t-il avec tristesse ; j'y fus d'autant plus sensible que l'article où je fus le plus maltraité émanait d'un ami qui ne pouvait ignorer combien j'étais disposé à reconnaître, — comme je l'ai fait du reste, — que je m'étais trompé. Je ne vois pas ce que l'on peut espérer d'une polémique acerbe qui ne donne aucune force à la vérité et qui peut éloigner davantage un adversaire que l'on devrait, ce me semble, essayer de ramener. »

Du prône de son curé et des autres instructions religieuses qu'il pouvait entendre pendant les vacances il ne parla jamais qu'avec un profond respect pour la parole divine et une excessive indulgence pour l'orateur. Ce respect, il le rappelait vivement à ceux qui, autour de lui, avaient l'imprudence de formuler une critique.

Il s'est souvent dérangé pour assister à des réunions sacerdotales où il était invité ; dans une de ces réunions, au presbytère de Seissan, en 1883, il déclara qu'il regardait, « comme le plus grand honneur de sa vie et comme un véritable bonheur, d'avoir été amené à défendre la cause de la religion ».

Un de ses amis, auquel il manifestait son admiration pour l'austérité du prêtre catholique, lui fit observer, avec une pointe de malice, que les prêtres se plaisaient fort en la compagnie des dames. « Et cela vous étonne, vous scandalise peut-être, lui répondit M. Batbie ; mais, mon cher, convenez que nous autres hommes ne sommes guère aimables pour les prêtres. Nous ne savons quelle conversation tenir avec eux : s'ils nous parlent de leurs œuvres, nous ne les écoutons que d'une façon distraite ou ennuyée. Les femmes, au contraire, trouvent dans leur piété le mot qui plaît au prêtre ; elles s'intéressent à ses œuvres et leur apportent l'appoint de leur dévouement, de leur délicatesse et de leur zèle. »

Autant il aimait le prêtre fidèle à l'esprit de sa vocation, quelque humble qu'il fût, autant il était péniblement impressionné par le prêtre oublieux de ses devoirs ou simplement mondain. On lui vantait le talent, la souplesse, l'amabilité d'un ecclésiastique : « Oui, dit-il, c'est un homme fort aimable ; mais il aura de la peine à se faire prendre au sérieux comme prêtre. »

Il admirait la vie religieuse sous toutes ses faces ; et, à quelqu'un qui semblait apprécier peu l'utilité des Carmélites, il répondit : « C'est une des formes du dévouement chrétien, et non pas la moins méritoire ni la moins utile... Le christianisme, c'est l'expiation, la réparation, la prière... Ces sortes de Religieuses expient, réparent et prient pour ceux qui ne le font pas. »

Il manifestait hautement, et à toute occasion, la douleur profonde que lui causaient la suppression des bourses des Séminaires et le projet de loi en discussion qui assujettit les séminaristes au service militaire. A propos de ce dernier projet, qu'on nous permette de raconter une conversation de M. Batbie dans les couloirs du Sénat avec un général son collègue. Ce général, nullement sectaire, avait accepté, sans examen, l'étrange raisonnement qui veut que la vraie vocation se fortifie en passant par la caserne : il le disait à M. Batbie. Celui-ci, ne croyant pas devoir lui répondre directement, demanda au général des nouvelles de sa fille, angélique enfant de dix-neuf ans, l'idole de son père... Puis tout à coup : « Ne craignez-vous point, général, dit-il, que votre fille, n'étant jamais sortie de la douce et vivifiante atmosphère de la famille, ne soit qu'imparfaitement préparée aux impressions d'un monde mauvais qu'elle n'aura jamais connu ?... Je n'ai pas de conseil à vous donner ; mais il me semble que sa vertu ne pourrait que gagner et se fortifier par le théâtre et les plaisirs de la vie parisienne... » Le général lui serra la main en souriant et lui dit : « J'ai compris, je suis des vôtres : pas de séminaristes à la caserne ! »

Nous croyons en avoir assez dit pour montrer que M. Batbie a été non-seulement un philosophe qui contemple d'une âme tranquille et détachée la vaine agitation des ambitieux et des rêveurs, mais encore un chrétien.

Depuis longtemps déjà, M. Batbie se sentait malade. L'exercice lui eût été nécessaire ; il ne pouvait en faire : les jambes fléchissaient sous le poids énorme du corps. « Un de mes amis, disait-il à cette occasion, a trouvé le mot juste : ce n'est point une sinécure d'être jambe de M. Batbie. » Il lui eût fallu également le repos de l'esprit. Mais comment faire ? On lui demandait toujours des conseils, des services, des démarches auxquels étaient attachés les intérêts les plus graves : il continua à se fatiguer. Aussi le mal (une dégénérescence graisseuse du cœur) fit-il des progrès rapides. Le vendredi-saint, 8 avril, on crut et il crut lui-même qu'il allait mourir. Il fit appeler M. l'abbé Gardey, curé de Sainte-Clotilde, son ami, pour lui administrer les derniers sacrements.

La science et le dévouement du docteur Cénac et des professeurs Auburtin et Laboulbène, les soins tendres et assidus de sa sœur et de sa belle-sœur le rendirent à un état de santé relativement satisfaisant. Peut-être même espéra-t-on le conserver. On fixa le jour du départ pour Seissan, où l'air pur de la campagne et le repos absolu auraient pu prolonger son existence.

Mais dès qu'il se sentit un peu mieux, trahi par son cœur, il revint s'occuper et faire des démarches pour rendre service ; il se fatigua beaucoup, et le mal reprit le dessus : il fut impossible d'enrayer ses progrès.

Le jeudi 9 juin, M. Batbie réclama lui-même M. le curé de Sainte-Clotilde, eut un long entretien avec lui, reçut le sacrement de Pénitence avec la foi la plus vive ; puis, s'étant recueilli quelques instants, il dit au prêtre : « J'ai été élevé dans la foi chrétienne. C'était la foi de ma sainte mère. Je ne veux pas me séparer d'elle, surtout en cette circonstance. Laissez-moi vous exprimer un désir. J'ai fait voter, étant ministre, une loi relative à la Basilique de Montmartre. J'en ai défendu le projet au milieu des railleries des incrédules (je n'en étais pas ému) et aussi, il faut le dire, de quelques-uns de mes amis. Mais j'ai été soutenu par la pensée que Jésus-Christ, Dieu et homme, qui avait manifesté sa divinité par sa puissance et son intelligence, l'avait manifestée davantage encore par sa bonté, et qu'à ce titre il méritait d'être honoré d'un culte particulier. S'il venait à la pensée de quelque âme pieuse de faire déposer mon cœur dans la chapelle la plus modeste de la Basilique, mon vœu le plus cher se trouverait réalisé. »

Après le départ de M. l'abbé Gardey, le malade appela sa sœur et sa belle-sœur, et, d'une voix qui tremblait d'émotion, il leur dit de ne point se troubler à la communication qu'il allait leur faire : « Vous qui êtes pieuses, ajouta-t-il, vous devez comprendre que, pour accomplir les devoirs si graves du chrétien, je n'aie point voulu attendre jusqu'au dernier moment où l'intelligence peut être troublée, la volonté paralysée. Aussi je vous annonce que, sur ma demande, M. le curé me portera demain le saint Viatique. »

Le lendemain, vendredi, il recevait la sainte communion avec la piété d'un enfant et la joie du chrétien qui comprend tout le prix de ce grand acte.

Après la visite de son Dieu, il reçut dans la soirée celle du saint Archevêque de Paris, Mgr Richard. M. Batbie, très-fatigué, ne put guère échanger que quelques mots avec Sa Grandeur. Il trouva cependant la force de lui parler de son admiration pour le cardinal Guibert. Avant de se retirer, l'Archevêque lui donna sa bénédiction, et M. Batbie fit dévotement le signe de la croix sous la main bénissante du pontife.

Le dimanche, l'illustre malade, sentant sans doute que l'heure suprême approchait, fit à sa sœur plusieurs recommandations importantes. — Le soir, vers les neuf heures, il s'éteignit doucement, sans agonie, presque sans effort.

C'était le 12 juin : l'Eglise de France célébrait la solennité de la Fête-Dieu, de l'Eucharistie, cette manifestation par excellence de l'amour du Cœur de Jésus pour les hommes... Dans la matinée de ce jour, à Seissan, Notre-Seigneur, suivant une pieuse et constante tradition, s'était arrêté, reposé sur un autel dressé sous la grille de la maison paternelle de M. Batbie.

Après la mort de M. Batbie sa physionomie, ordinairement si belle, était plus belle encore : elle paraissait rayonnante. Dieu avait voulu, sans doute, y imprimer un reflet de sa grâce...

Les télégrammes des plus hauts personnages, les lettres de condoléance des princes de la Maison de France, le convoi solennel qui, le jeudi 16 juin, réunissait à Sainte-Clotilde les représentants du pouvoir, des grands corps de l'Etat, des Académies, des Sociétés savantes et les sommités de la France, sans distinction de parti, ont été un suprême hommage au savant, à l'orateur écouté, au jurisconsulte éminent, au causeur spirituel et charmant. Ses funérailles à Seissan, suivies le 28 juin par une cinquantaine de prêtres, par les représentants de toutes les administrations du département, par deux mille hommes et une foule immense, ont dit les regrets que laissait dans son pays l'homme intègre et serviable, le travailleur infatigable, le conseiller sûr, le compatriote grandi par son mérite.

Son cœur dans l'église du Vœu national à Montmartre, ses dernières paroles gravées sur le marbre dans la chapelle du Sacré-Cœur de l'église de Seissan diront à leur tour que le savant jurisconsulte, l'intègre politique, l'honnête homme, le sage était aussi un chrétien.

AUCH. — IMPRIMERIE AUSCITAINE, A. THIBAULT.